I0427843

Logothérapie Psychosociale

By Thomas Hodge

Tout au long de la vie, une personne développe diverses croyances que les résultats des conflits qu'ils rencontrent au cours des étapes de développement de la vie. Un individu se développe selon les événements qui se produisent au cours de ces stades de développement. Dans une situation saine, l'individu va atteindre un niveau d'équilibre et de saine compréhension du conflit qui se produit pendant les phases critiques du développement. Dans une situation malsaine, l'individu se concentrera sur les résolutions extrêmes du conflit qui souvent prévoir une situation non résolue ou résolution inadapté pour l'individu.

A partir de ces résolutions, l'individu développe des croyances sur ce qui est important dans sa vie et une vue de la façon dont il ou elle se tient dans le contexte de la société et son environnement. Ces croyances influent sur la manière dont l'individu comprend le but et le sens de nouvelles expériences et des événements dans la vie. L'individu peut développer croyances dysfonctionnelles en fonction de la manière dont il ou elle a géré les crises dans les stades de développement de la vie. En outre, une étape ou actuelle de la vie pourrait causer à l'individu de développer des idées irrationnelles sur le sens ou l'objet pour ce qu'il ou elle connaît actuellement dans la vie.

Pour comprendre le processus de la façon dont les processus de pensée dysfonctionnels développent et sont entretenues par un individu, le traitement doit se concentrer sur le traitement pas un domaine de la dysfonction mais aborder les trois aspects du processus. Cela comprend les techniques de sensibilisation conscients concernant le développement, le système de croyance, et la signification. L'expérience de développement inadapté serait adresse par affronter la question, adresser sa présence, et de tenter de mettre la question derrière le patient une fois résolu. Effacer raisonnement similaire REBT pourrait restructurer le système de croyance de l'individu. Logothérapie couplé avec le raisonnement logique de REBT aiderait l'individu à acquérir une meilleure compréhension de la signification. Le traitement à trois volets permettrait de restructurer la compréhension de l'individu du passé, du présent et de l'avenir d'une manière saine et productive. Grâce à cette approche, une personne peut affronter un problème, surmonter le problème, et comprendre que les changements qu'il ou elle éprouve seront eux une meilleure personne à la fin faire.

Développement de la personnalité

Pour améliorer la qualité de vie d'une personne d'une manière durable, on aura besoin de défaire la fortune psychologique que la personne a connu tout au long de la vie. Pour ce faire, les crises que l'individu a vécu et comment le affectées sa vision de la vie doivent être ramenés à la surface. Une personne ne développe pas sa compréhension du monde dans le vide coupé de son environnement. Ses interactions avec la

famille, les amis, les étrangers, et d'autres
personnes façonnent l'individu. Le concept de soi
et interactions avec le monde sont développés au
fil du temps par les conflits qui se produisent à
différents stades de la vie (Lachmann, 2004).
Pour expliquer le développement de l'individu
dans la société, la théorie des étapes psychosocial
fournit une vue structurée et chronologique de ce
développement. En examinant le développement à
travers les huit stades psychosociaux, une
défaillance dans une étape crée déficience comme
un individu passe par les étapes précédentes et les
crises (Atalay, 2007). Par exemple, une personne
qui éprouve des frustrations dans la première étape
serait éprouver des difficultés à sixième étape. Si
la personne ne se développe pas la capacité de
faire confiance à succès dans la première étape, il
ne serait pas en mesure de faire suffisamment
confiance son partenaire lors de la sixième étape à
être intime avec eux. De même, une personne qui a
été stagner au début peut ressentir le désespoir

dans une étape ultérieure qui conduirait à la dépression.

En contrepartie du développement de l'individu, la scène avec qui l'individu est actuellement aux prises pourrait être affectée par un certain nombre d'étapes précédentes, en combinaison ou une seule étape. Par exemple, la dépression qui est l'expérience d'un individu à l'intégrité de l'ego par rapport à l'étape de désespoir pourrait être confronté à la dépression de problèmes non résolus avec la scène de l'intimité si il oeuvre depuis l'échec des relations ou le stade de la générativité si la préoccupation est relative à des réalisations de la vie. En outre, des expériences inadaptées pendant la phase de confiance pourraient avoir une incidence sur la volonté de l'individu de faire confiance à son propre jugement quant à sa propre vie (Korte, Bohlmeijer, Cappeliez, Smit, et Westerhof, 2012). En plus de clients âgés, un examen de la vie d'un individu est également utile pour déterminer les expériences inadaptées avec une variété de groupes d'âge. Par exemple, une personne qui est aux prises avec la scène de l'industrie peut aussi avoir éprouvé des difficultés à l'étape de l'autonomie qui est la cause de inquiet d'essayer de faire les choses par eux-mêmes. Lors de l'examen passé, le développement de l'individu dans la jeunesse est donné la prévalence dans la théorie des étapes psychosocial plutôt que d'être marginalisés. Indépendamment de la durée de vie qui a été connu, beaucoup peut être réalisé lorsque que la vie est examinée (Douvan, 1997).

Modification du traitement Maladaptive

Comme l'individu commence à comprendre des perspectives dysfonctionnements qui se sont développées au cours de sa vie, il faut s'attaquer à la manière que le processus inadapté peut être modifié ou fait face à d'améliorer la vie de l'individu. Approches cognitives peuvent faire avancer le processus de modification du point de vue de l'individu afin de réduire les effets des frustrations ou des défaillances au cours des étapes antérieures et actuelles du développement psychosocial. La thérapie comportementale rationnelle émotive sert comme une approche utile à perturber les systèmes de croyances irrationnelles. REBT produit effectivement deux types de changements dans l'individu différentes. Le premier type de changement est un changement dans une philosophie spécifique de la pensée d'une personne. Le deuxième type de changement est un changement est un changement général de la façon dont une des fonctions individuelles psychologiquement (Dryden et David, 2008). En affrontant le raisonnement et les connexions qui ont mis au point pour créer philosophies irrationnelles, croyances malsaines peuvent être distinguer des croyances malsaines. En examinant le développement et l'histoire de l'individu aux croyances actuelles, le thérapeute peut diriger le client de manière qu'ils puissent rationaliser ou reformuler leur compréhension de la crise.

Pendant le processus de perturber les

pensées irrationnelles, les déficiences que le client en est venu à réaliser qu'il ou elle est affectée par de crise avant devraient être pris en charge fréquemment. Par exemple, un client qui est aux prises avec le développement de relations peut avoir besoin de revenir son attention à faire confiance à des questions fréquemment à comprendre certains des rationnelle concernant son stade de l'intimité. Comme thérapie produit, on peut penser qu'une frustration précoce ou l'échec peuvent être résolus, mais la résolution de ce stade précoce peut être nécessaire de revoir. Années de renforcement des idées irrationnelles prennent beaucoup d'efforts à désapprendre ou inhiber. L'irrationalité humaine est souvent plus forte que d'apprendre de nouvelles informations sur une période relativement courte (Dryden et David, 2008). Il est donc essentiel de rappeler un changement plus tôt pour la fin de l'entretien d'expériences thérapeutiques dernières.

Pour résoudre les problèmes dernières

rationnelle, le client doit prendre du recul et essayer de gagner une nouvelle perspective. Cette nouvelle perspective est celle de la logique et le raisonnement. Pour aider le client à le faire, le thérapeute va maintenir une relation véritable et authentique avec le client. En étant authentique avec le client, le thérapeute est capable de soutenir un raisonnement dans l'interaction entre le thérapeute et le client (Still, 2006). Le thérapeute ne favorise pas les croyances et les idées irrationnelles que le client a développé à travers ses expériences inadaptées. Le thérapeute conduit le client vers le bas une nouvelle voie de la raison et de la pensée claire. Les échecs des crises passées seront examinées d'une manière qui va transformer l'expérience de ceux qui sont des déficiences des expériences qui permettent au client d'apprendre et ajuster leur comportement.

En abordant les échecs des crises passées, le client doit maintenir une auto-acceptation inconditionnelle. Les expériences passées et les lacunes sont dans le passé. Il n'y a rien qui peut être entièrement fait pour changer ce qui s'était passé. Toutefois, le présent et l'avenir peuvent être modifiés, et l'individu devront accepter eux-mêmes dans le présent et l'avenir (Elis, 2005). L'idée de faire abstraction du passé peut sembler aller à l'encontre d'examiner le passé, mais les deux processus se combinent pour produire des moyens très efficaces de changer le présent. On examine le passé pour apprendre des erreurs qu'il a fait et de réaliser la façon dont l'individu se rapproche d'une situation. L'individu est donc au courant de la manière dont ils seraient normalement aborder la question et de la manière inadaptée qu'ils sont habitués à se comporter. Grâce à cette compréhension, l'individu peut rationnellement examiner son comportement. En examinant le comportement rationnel, l'individu peut développer une nouvelle et saine manière de penser. Cette nouvelle façon saine de la pensée est le produit du changement.

Mode de vie hédoniste

Pour créer un effet qui produit des effets qui ont un impact non seulement le problème de la mise au point initiale, mais également d'autres domaines de la vie, cette approche encourage le client à vivre un style de vie hédoniste. Le mode de vie hédoniste n'est pas en sens court terme, mais d'une manière à long terme. Le long-terme de l'hédonisme sur les comportements et les processus de pensée qui profitent à l'individu sur une période de temps plus longue, par opposition à un plaisir à court terme qui est unbeneficial. Grâce au processus de l'hédonisme à long terme, l'individu connaîtra une grande tolérance à la frustration et une acceptation continue de ce qui se passe tout au long de la vie (Ellis, 2005). L'accent sur le plaisir à long terme augmente la qualité de vie de l'individu. D'autres thérapies se concentrent souvent uniquement sur la réduction des symptômes problématiques. Ces traitements de résoudre le problème spécifique de la manipulation à court terme des symptômes de créer l'illusion d'une condition améliorée pour le client. Pour ce faire, une solution à court terme ne fera que retarder l'apparition de la présentation de l'symptôme ou la cause racine du problème se manifestera d'une manière différente. La croyance ou la cause racine du problème est toujours maintenu.

Encourager le plaisir à long terme à la recherche, l'individu va restructurer son système de croyances et tendances d'une manière qui est saine et conforme à des solutions à long terme à la cause racine du problème. Par exemple, un patient peut cesser de présenter des tendances suicidaires et les comportements qui sont la conséquence d'une relation dissous à la suite d'une solution à court terme, mais il peut encore entrer dans sa prochaine relation avec les mêmes croyances sous-jacentes et les troubles psychologiques qui ont conduit à ses idées suicidaires de l'expérience précédente. Une approche hédoniste à long terme porterait sur les croyances sous-jacentes qui ont conduit l'individu en bas de la voie mentale à des idées suicidaires. Ce changement affecterait non seulement ses réflexions sur la relation actuelle, mais aussi les relations futures. L'individu serait entrer dans de nouvelles relations futures avec une mentalité différente qui serait sain, peu importe si la relation dure toujours ou a pris fin. La restructuration des croyances de l'individu crée le plaisir à long terme et des solutions à un large éventail de problèmes l'individu peut éprouver en lui fournissant de meilleurs outils pour gérer les situations difficiles (Ellis, Shaughnessy, et Mahan, 2002).

Signification pour la poursuite

Un développement dysfonctionnel ou changements dans la vie conduisent à une vue dysfonctionnel de sens et le but pour un individu. Une vue dysfonctionnel de sens apparaît comme un fil conducteur à travers plusieurs troubles psychologiques, y compris la dépression, l'anxiété, les troubles alimentaires et les troubles obsessionnels compulsifs (Das, 1998a). Un examen de la façon dont les croyances irrationnelles effectuer la perception du sens d'un individu ne peut expliquer comment que de nombreuses personnes tombent dans un état de dysfonctionnement psychologique.

Donner à l'individu sens peut servir à aider à faire avancer les changements énoncés en évaluant le passé et changer les croyances de l'individu. Par exemple, des études ont montré que les veuves âgées avaient saisir leur sens de la vie à la suite de la perte du conjoint plus tard dans la vie (Koren et Lowenstein, 2008). Dans ce cas, le client aurait développé une identité dysfonctionnelle au cours des premiers stades de la vie à la suite de lier leur définition de ce qu'ils sont pour le rôle qu'ils ont joué comme un conjoint. Cela pourrait avoir une mise à la terre en plusieurs étapes. L'individu aurait développé doute sur lui-même au cours de l'autonomie plutôt que la honte et le doute scène. L'individu a long assis questions d'infériorité sur lui-même ou elle-même. En outre, la confusion des rôles peut développé pendant l'adolescence ou l'âge adulte qui a causé l'individu d'arrêter lui-même une personne qui est capable de fonctionner d'une manière qui est séparé du rôle de mari ou d'épouse de leur partenaire décédé examen. Les expériences dysfonctionnelles début conduit à des croyances que l'individu a développé de qui il était et comment il était d'interagir avec la société basée sur les rôles qu'il a joués. Ces croyances ont conduit à une définition de la signification et le but. Lorsque le conjoint est décédé, l'individu a cessé d'avoir un effet sur la base des croyances qu'il avait développés au cours de sa vie.

Dans le traitement de sens, on pourrait aborder le manque de l'identité de l'individu. Le client examinera les événements qu'ils considéraient être des coentreprises du passé qui impliquaient le client assumant le rôle de ce qu'ils étaient devenus enlacé avec le cadre de leur définition de qui ils sont. En considérant les événements du passé, le client serait de séparer les comportements et les modes de pensée sont le résultat du rôle qu'ils ont joué et quels comportements et les modèles sont le résultat de l'auto unique de l'individu qui a été séparé de leur rôle. L'examen de la question existentielle, le vide existentiel est un état d'inconnu qui avait été créé par des croyances irrationnelles de l'individu à changer expériences présentes et futures d'une manière qui rendrait les expériences différentes des expériences passées que l'individu a fondé leur compréhension et leur courant croyances inadaptées.

Pour fournir au client sens pour les nouvelles croyances, le client sera plus accepter de la nouvelle philosophie. Le nouveau sens devrait être favorable et en harmonie avec la nouvelle philosophie afin de soutenir les nouvelles croyances rationnelles qui ont remplacé les croyances irrationnelles antérieures de l'individu. Le nouveau sens et la conviction que le client est dirigé vers devraient appuyer une existence remplie pour l'individu. Le nouveau sens fournira au client avec un nouveau rôle d'être un vrai soi, l'acceptation de soi-même ou elle-même comme une bonne, une compréhension qu'ils sont différents et uniques des autres, et un but de continuer de l'avant dans la vie vers des événements nouveaux et inconnus (Längle, 2005). Une fois ces quatre conditions sont fournies dans les croyances et le sens de l'individu, le client va connaître une existence remplie aller de l'avant. On peut considérer que le sens a des fins thérapeutiques seulement pour les clients âgés qui sont aux prises avec les stades de la vie qui ont perdu un sens à la vie en raison de fixations sur les croyances inadaptées. Sens et le but est essentielle pour tous les individus. Un jeune adolescent peut croire qu'il doit aller à l'école afin d'obtenir de bonnes notes, mais si il n'ya pas de but ou de sens pour l'individu d'avoir de bonnes notes, puis la croyance n'est pas pertinent pour l'influencer à aller à l'école. Trouver un sens est essentiel pour les jeunes qui sont en quête de sens, la personne qui a récupéré de la dépendance, les personnes âgées qui ont perdu le sens, et les personnes qui souffrent de la frontière, la dépression, l'anxiété, ou une foule d'autres maladies mentales (Das, 1998b). Si les individus sont fournis sens avec une compréhension de leurs croyances irrationnelles et comment les croyances développées, le processus thérapeutique aura un effet plus durable.

Face à la question

Pour améliorer la vie de l'individu, il faut faire plus que de simplement comprendre qu'il ya un problème. Sur la base des trois principes de cette approche, l'individu a développé une compréhension approfondie du problème qu'il connaît. De l'examen de la vie individuelle a posteriori, l'individu comprend comment la vue inadapté a été développé au cours des crises passées et présentes durant les phases de développement. De raisonner rationnellement par le système de croyance de l'individu, l'individu comprend la façon dont ils créent le malaise sur la base de croyances irrationnelles qui sont fondées illogique. Grâce à une exploration des sens et le but, l'individu a examiné et compris que son sens de la vie peut être ajustée pour être plus propices à la nouvelle philosophie de la façon dont sa vie sera après avoir changé le système de croyance d'un malsain à un système sain. L'individu doit encore affronter le problème et produire un changement dans sa vie.

Jusqu'au moment de la confrontation, l'individu a été fourni avec une panoplie d'outils pour survivre à la confrontation avec le problème. Il arrive un moment où l'individu doit aborder la question avec lui-même. Ce n'est pas une tâche facile pour le client. L'individu devra se réconcilier avec son passé d'abord et se rendre compte que le passé ne peut être changé car il a déjà eu lieu. Les erreurs du passé peuvent être tirés de mais pas insistèrent sur une meilleure qualité de vie. Le passé ne sera acceptée pour ce qu'elle est et a été, et rien de plus. Le thérapeute peut se demander si le client se sent comme si il ou elle est la même personne que celle qui a connu les erreurs du passé. Cela peut prendre un certain guidage et le raisonnement par des questions ouvertes pour obtenir le client à réaliser qu'ils sont différents et peuvent être différents. En ce moment, une nouvelle philosophie sur les croyances du client aura été exploré et développé. Le client affronter le problème d'une manière différente que les expériences antérieures. Avant le traitement, le client pourrait avoir connu le désespoir, la peur, la panique ou à la suite de confronter l'événement ou le raisonnement qui a produit de telles émotions et irrationalités dysfonctionnelles. Le client va maintenant affronter le problème d'une manière préparée. Il comprendra qu'il surmonter le problème et être une meilleure personne à la fin. Tout en confrontant et en reconnaissant le problème, le client sera également reconnaître le changement. L'individu face au problème et arriver à déterminer qu'il va changer son point de vue et le sens d'une façon qui rend le problème plus question. La personne peut aussi déterminer que le problème est toujours présent dans sa vie et de reconnaître sa présence, mais il peut déterminer que le problème est qu'il est capable d'exister encore palier. Il peut également trouver un sens et un but à la souffrance en ce que le problème lui a causé; Toutefois, une meilleure compréhension des aspects irrationnels et rationnels de ses croyances, l'individu sera mieux en mesure de faire face aux problèmes créés par le problème. Par exemple, un homme a été affligée par la perte de sa femme. Cela lui a causé beaucoup de tristesse et de dépression qui a affecté son fonctionnement quotidien. Après avoir examiné les circonstances, il a trouvé un sens à sa souffrance d'avoir à vivre sans elle, car sa souffrance entraîné son palier de la charge de rupture la vie de sa femme afin qu'elle n'aurait pas l'expérience de la douleur et de la perte qu'il allait à son décès. En changeant son point de vue, l'homme a trouvé un sens à sa douleur, et sa souffrance était beaucoup plus facile de faire face aux même s'il était présent, parce qu'il avait donné un sens à sa situation et a changé son point de vue (Frankl, 1963).

Cette confrontation a été évoqué par une variété de noms dans différentes approches, mais l'événement est celui qui produit le changement.

Existentialistes se réfèrent à lui comme kairos. Les psychanalystes se réfèrent à l'instant où le client gagne un aperçu en travaillant avec un problème. Thérapeutes cognitifs considèrent le changement du moment où les pensées irrationnelles sont perturbés et une nouvelle philosophie est acceptée. Depuis logothérapie psychosocial est une combinaison de ces trois aspects, ce moment est tout simplement le moment de changement. Le client ne sera pas confronté à un problème d'un seul angle et espère que l'angle d'approche est assez efficace pour briser ou percer le problème. L'individu sera entourant le problème et faire face aux souvenirs des événements passés et inadaptés dans sa vie, les croyances actuelles qui le tourmentent jour, et les préoccupations au sujet de l'orientation future que le problème affecte en ce qui concerne son sens. Abordant la question de cette manière prend larmes les bases de toute la pensée irrationnelle et fournit une nouvelle direction pour l'individu d'avoir un avenir meilleur.

Culture et le sexe sensibilités

La théorie du développement psychosocial a souvent été noté comme étant applicable à travers les cultures plus que d'autres théories du développement tels que les stades psycho freudienne du développement. Le point de vue du développement Eriksonian a non seulement fourni une meilleure compréhension du développement, mais a également changé la façon dont la culture dominante perçoit le développement (Douvan, 1997). Au cours des phases de développement, on peut noter que l'identité culturelle se développe d'une manière similaire par les mêmes étapes. De même, l'approche psychosociale tente d'éviter un biais de genre afin qu'il puisse maintenir le respect pour le développement des femmes ainsi que les hommes. Lorsque vous travaillez avec des personnes de différentes cultures, les sexes ou les orientations sexuelles, il faut faire des efforts pour comprendre les normes socialement prescrites qui sont fournis à des personnes comme elles se développent. Ces normes affectent la perception et les croyances des individus. Par exemple, un individu qui a été élevé dans une culture communaliste est plus susceptible d'avoir une définition différente de son identité de quelqu'un d'une société individualiste. La personne de la culture communaliste est plus susceptible de s'identifier à leur famille et les voisins de la personne de culture non-communaliste. Les croyances de ce qui est important pour la personne seraient également touchés par ces influences culturelles. Dans une culture communaliste, la personne serait préoccupé plus par le bien du groupe, par opposition à sa propre auto-promotion.

Des facteurs tels que ceux-ci pourraient avoir des impacts sur les frustrations interpersonnelles de personnes qui sont de cultures différentes.

Certaines cultures découragent confrontation et de conflit. Dans ces cultures, un client peut sembler être apporter des changements; mais en réalité, le client peut être seulement de fournir les thérapeutes avec les réponses des thérapeutes avis, seraient des exemples de changement pour éviter la confrontation avec le thérapeute. Ces types de croyances auraient un grand impact sur la direction de la relation thérapeutique.

En plus de la mise au point et les croyances, la culture et le sexe du client a également un grand impact sur la compréhension du client de sens et un but. Une cliente dans la société occidentale peut avoir un temps plus facile de trouver un sens dans le rôle de mère et d'épouse que c'est ce que la culture lui a dit que son rôle est. Comme il s'agit d'un rôle qu'elle peut se rapporter à de ce que sa culture lui a dit, elle peut facilement trouver un sens à prendre soin de ses enfants d'une manière qui en résulte entre eux étant forte, indépendante et efficace. Dans les cultures asiatiques, la femme peut plus facilement trouver un sens à contribuer à la société en travaillant et en développant une carrière réussie par opposition à une famille.

Il faut considérer les impacts de divers points de vue sur les valeurs et les croyances qui s'inscrivent dans la formule qui permet de comprendre cette approche à la thérapie. La structure de traitement reste le même en ce que l'individu se développe à travers des conflits dans les stades, crée croyances rationnelles et irrationnelles, et tire sens et le but sur la base de ces croyances. Le changement n'est pas à la structure de la thérapie, mais à ce qui semble irrationnel et inadapté peut sembler logique et normal de l'individu peu plus en raison de son rôle dans la culture et que la culture. La clé pour surmonter ces barrières culturelles est pour le client de se rendre compte que c'est leur choix d'accepter, rejeter ou remettre en question ce que leur société et la culture leur a fourni les définitions de ce qui est normal. Ce processus devrait se produire simultanément dans tous les aspects des processus de l'examen de développement, face à des croyances, et trouver un sens.

Résumé

L'approche de la logothérapie psychosocial fournit une approche unique de traitement qui vise à améliorer le fonctionnement global de l'individu. Pour accomplir cette amélioration, l'approche vise à produire un changement en s'attaquant non seulement le dysfonctionnement du passé ou du présent, mais il tente de produire un changement en examinant le passé, le présent et l'avenir. Les gens peuvent apprendre beaucoup de choses de leur passé. L'approche examine le passé et le développement de l'individu par l'utilisation des stades de développement psychosocial de comprendre comment les comportements et tendances inadaptés peuvent avoir développé au fil du temps. L'examen du passé soulève la conscience de l'individu à remarquer les motifs de leurs comportements et les instances irrationnelles qui peuvent avoir créé de tels modes de pensée. L'approche prend note de la présente en confrontant les croyances actuelles que la personne est en train d'appliquer à sa vie quotidienne. Le thérapeute développe une relation avec le client qui est fondée sur la confiance en étant authentique pour permettre au thérapeute pour aider le client à faire face, la réorientation et l'évolution de leurs systèmes de croyances irrationnelles des systèmes basés sur des connexions illogique de systèmes rationnels qui sont basés sur son, jugement logique. En outre, le client modifie le système actuel de la croyance de se concentrer sur l'augmentation du degré de plaisir dans un état d'esprit à long terme par opposition à une vision à court terme. Cette vision à long terme aide l'individu à prendre des décisions saines.

En ce qui concerne l'avenir, l'approche donne un sens et un but pour que dirige les décisions qui sont prises sur la base des croyances. Ce sens renforce l'accent des parties présentes et passées de la thérapie. Comme le client quitte la thérapie, la compréhension de la signification des aides pour créer une solution à long terme, non seulement pour le problème initial qui a amené le client à la thérapie, mais aussi pour d'autres problèmes qui ne sont pas parus. L'accent sur la fourniture de sens pour le client lorsqu'il est couplé avec le système de croyance plus rationnelle et la nouvelle compréhension de son propre développement permet au client de faire face à de nouveaux problèmes avec les outils nécessaires pour résoudre de nouveaux problèmes et de connaître une meilleure qualité de vie.

Grâce à cette approche multi-facettes à traiter l'individu, le thérapeute peut adapter la méthode selon les besoins des cultures différentes, sexes et orientations sexuelles. L'approche vise à réduire les préjugés sexistes en considérant les éléments qui sont essentiels à la fois les hommes et les femmes. En outre, la flexibilité culturelle des approches demeure une force de l'approche en travaillant avec divers groupes de personnes. L'objectif final reste connecté entre tous les groupes est le lien entre le passé, le présent et l'avenir de l'individu et de la manière dont l'amélioration de la qualité de vie grâce à des améliorations psychologiques est souligné tout au long du processus thérapeutique.

Références

Atalay, M. (2007). Psychologie de la crise: un compte global de la psychologie de la Erikson. Ekev examen universitaire, 11 (33), 15-34.

Das, A. (1998a). Frankl et le royaume de sens. Journal de l'éducation humaniste et développement, 36 (4), 199.

Das, A. (1998b). Frankl et le royaume de sens. Journal de l'éducation humaniste et développement, 36 (4), 199.

Douvan, E. (1997). Erik Erikson: temps critiques, la théorie critique. Pédopsychiatrie et le développement humain, 28 (1), 15-21.

Dryden, W., et David, D. (2008). Rational Emotive Therapy Comportement: Statut actuel. Journal de psychothérapie cognitive, 22 (3), 195-209. doi: 10.1891/0889-8391.22.3.195

Ellis, A. (2005). Pourquoi je (vraiment) devenu un thérapeute. Journal of Clinical Psychology, 61 (8), 945-948. doi: 10.1002/jclp.20166

Ellis, A., Shaughnessy, MF, et Mahan, V. (2002). Entretien avec Albert Ellis sur la thérapie émotive de comportement rationnel. North American Journal de la psychologie, 4 (3), 355-366.

Frankl, V. (1963). L'homme à la quête de sens. New York, NY: Washington Square Press.

Koren, C., & Lowenstein, A. (2008). Fin de vie veuvage et sens de la vie. Vieillissement International, 32 (2), 140-155. doi: 10.1007/s12126-008-9008-1

Korte, J., Bohlmeijer, E., Cappeliez, P., Smit, F., & Westerhof, G. (2012). thérapie de revue de vie pour les personnes âgées modérée symptomatologie dépressive: un essai contrôlé randomisé pragmatique. Psychological Medicine, 42 (6), 1163-1173. doi: 10.1017/S0033291711002042

Längle, A. (2005). La recherche de sens à la vie et les motivations fondamentales existentielles. Analyse existentielle: Journal de la Société pour l'analyse existentielle, 16 (1), 2-14.

Lachmann, F. (2004). Identité et autonomie. Forum international de la psychanalyse, 13 (4), 246-253. doi: 10.1080/08037060410004700

Pourtant, A. (2006). Rationalité et REBT. Journal de Cognitive Behavioral & psychothérapies, 6 (1), 5-10.

www.ingramcontent.com/pod-product-compliance
Lightning Source LLC
Chambersburg PA
CBHW070246290526
45789CB00004B/1783